Dieses Buch gehört:

1. Auflage 2025

Vertreten durch
Herr Quint
Feldstrasse
10 76474 Au am Rhein

Kennst du das auch?

Morgens schon den Fuß am Bett angehauen,
den Kaffee verschüttet und auf der Arbeit geht's mit dem Scheiß-Tag einfach weiter.
Dubist mal wieder völlig im Stress,
da kommt der Chef und drückt dir noch eine extra Aufgabe rein.
Deine Kollegen gehen dir mal wieder tierisch auf den Sack, weil
du alle Arbeit doppelt machen musst. Dubist mal wieder richtig genervt von alledem und musst dich einfach abreagieren?
Mit diesem Buch ist das ab sofort möglich!!!
Wenn mal wieder kein Boxsack in Sicht ist oder du nicht schon wieder
das Auto deines Chefs zerkratzen möchtest, ist dieses Buch die perfekte Lösung!
Mit diesem Buch kannst du dich ab sofort abreagieren!
Andere bringen dich hoch- dieses Buch bringt dich runter!
So kannst du wieder gechillt an deine Arbeit gehen und volle Leistung erbringen.
Wie ist das denn möglich?
Durch kreative Sprüche, die dich zum Lachen bringen.
ZumAusfüllen bestimmter Fragen, wobei du dich abreagieren kannst.
Kreative Aufgaben, in denen du dich mal richtig auskotzen kannst.
Und wenn wirklich gar nichts hilft?- Nimm das Buch, zerreiße oder verbrenne es einfach.
Deiner Kreativität sind hier keine Grenzen gesetzt!
Alles ist erlaubt!
Nimm dieses Buch entweder für dich selbst oder für einen richtig abgef*ckten Kollegen als Geschenk.
Er wird es dir danken, nicht zum Therapeuten gehen zu müssen.
Mache deinem Ärger Luft mit diesem Buch!

WEM KÖNNTE ICH JETZT SPONTAN KAFFEE INS GESICHT KIPPEN?

- [ ] ______________________
- [ ] __________
- [ ] __________
- [ ] __________
- [ ] __________
- [ ] __________
- [ ] __________

Wie war die Arbeitswoche?

Lass uns einfach nicht drüber reden!

Ich brauche ein Bier

Geht so... Mein Lieblingskollege war Krank.

Super! Mein Chef war nicht da!

Perfekt! Ich hatte Frei!

Diese 3 Dinge haben mich genervt:

1. ______________________________

2. ______________________________

3. ______________________________

Welcher Kollege ist für das ständige An- und Ausschalten des Bürolichts verantwortlich?

....

Was war die sinnloseste E-Mail, die du jemals im Büro erhalten hast?

....

Teile eine lustige Geschichte über den Bürokühlschrank und seine Bewohner.

....

Wer imitiert am besten den nervigsten Klingelton?

....

Welcher Duft im Büro ist unerklärlich und stört dich am meisten?

....

Wer hat die Büroausstattung schon mit Post-its bombardiert?

....

Die coolste Aufgabe des Tages

Sex – Hotline

Füge den Notizen deines Kollegen die Nummer einer Sex Hotline hinzu und schreibe, es wird um schnellstmöglichen Rückruf gebeten.

Erfolgreichumgesetzt:

☐ Ja

☐ Nein

Welche Rabauken waren dabei:

Wann wurde die Tat begangen:

So lief das Meisterwerk ab:

Wiederholungsbedarf?

☐ Aufjedenfall! ☐ Ja ☐ Den Quatsch mach ich nicht nochmal!

Bewertung des ganzen:

0 – 1 – 2 – 3 – 4 – 5 – 6 – 7 – 8 – 9 – 10

Champion der bemühten Gemüter — Held ohne Cape

Die wichtigen Fragen des Lebens

Wer bringt immer die neuesten Büro-Modetrends mit, die das Team in eine stylische Einheit verwandeln?

- [ ] Herr ich bin der schönste hier
- [ ] Frau Büro Model Keiner, alle
- [ ] stylisch unterwegs

Welcher Kollege schreibt die längsten E-Mails, ohne auf den Punkt zu kommen?

- [ ] Herr Lange Schreiber Frau Um
- [ ] den Brei Redner Keiner, alle
- [ ] sind präzise Meister

Wer hält während des Meetings gerne spontane Monologe über irrelevante Themen?

- [ ] Herr Off Topic Frau Gesprächs
- [ ] Abschweifer Keiner, alle bleiben
- [ ] stets beim Thema

Welcher Kollege macht ständig Geräusche beim Essen am Arbeitsplatz?

- [ ] Herr Knusper Kollege Frau
- [ ] Schmatz Spezialistin
- [ ] Keiner,alleessengeräuschlos

Welcher Kollege bringt immer die kompliziertesten Backrezepte mit?

- [ ] Back Olympionike Torten Tüftler Keiner,
- [ ] alle bevorzugen einfache Leckereien

Wer vergisst regelmäßig, sein Telefon auf lautlos zu stellen?

- [ ] Klingelton Vergesser Ruhe Störer
- [ ] Keiner, alle sind akustisch bewusst

Aufgaben für einen lustigen Arbeitstag

Büro Tanzparty

Schlafende Bürostühle? Nicht mit uns! Steh auf, schüttel deine Beine, und lass uns die Büro Tanzfläche rocken!

"Das Motto heute:
Akten raus, Tanzschuhe an!"

Wie war die Arbeitswoche?

Welche der folgenden Aktionen eines Kollegen hat dich am meisten genervt?

- [ ] Essensgerüche im Büro
- [ ] Lärmende Kopfhörer
- [ ] Übermäßiges Klingeln des Telefons

Welche Art von Witzen oder Kommentaren findest du am störendsten?

- [ ] Sarkastische Bemerkungen
- [ ] Unangebrachte Witze
- [ ] Ständiges Klagen

Welches Verhalten deines Kollegen lenkt dich am meisten ab?

- [ ] Ständiges Tippen auf dem Schreibtisch
- [ ] Lautes Atmen
- [ ] Häufige Pausen

Welches persönliche Gesprächsthema deines Kollegen findest du am wenigsten interessant?

- [ ] Familienangelegenheiten
- [ ] Gesundheitsprobleme
- [ ] Freizeitaktivitäten

Welcher Kommunikationsstil deines Kollegen ist für dich am anstrengendsten?

- [ ] Zu direkt
- [ ] Zu passiv-aggressiv Zu
- [ ] ausführlich

Die coolste Aufgabe des Tages

Alles aus Papier

Tausche am Arbeitsplatz eines Kollegen alle Sachen auf dem Schreibtisch gegen Dinge aus Papier aus und filme seine Reaktion, wenn er kommt.

Erfolgreichumgesetzt:

☐ Ja

☐ Nein

Welche Rabauken waren dabei:

Wann wurde die Tat begangen:

So lief das Meisterwerk ab:

Wiederholungsbedarf?

☐ Aufjedenfall! ☐ Ja ☐ Den Quatsch mach ich nicht nochmal!

Bewertung des ganzen:

0 1 2 3 4 5 6 7 8 9 10

Champion der bemühten Gemüter — Held ohne Cape

Die wichtigen Fragen des Lebens

Welcher Kollege hat immer die skurrilsten Snacks dabei?

- [ ] Snack-Entdecker
- [ ] Essens-Abenteurer
- [ ] Keiner, alle mögen bekannte Leckereien

Wer vergisst regelmäßig, seinen Monitor nach Feierabend auszuschalten?

- [ ] Bildschirm-Ausschalter-Vergesser
- [ ] Energiespar-Meister
- [ ] Keiner, alle setzen auf Nachhaltigkeit

Welcher Kollege vergisst regelmäßig, die Büroblumen zu gießen?

- [ ] Blumen-Gießkanne-Vergesser
- [ ] Pflanzen-Pflege-Meister
- [ ] Keiner, alle haben einen grünen Daumen

Wer hat immer die schrillsten Handyklingeltöne?

- [ ] Klingelton-Künstler
- [ ] Handy-Ton-Dirigent
- [ ] Keiner, alle setzen auf unauffällige Klingeltöne

Welcher Kollege vergisst regelmäßig, seinen Monitor zu reinigen?

- [ ] Bildschirm-Putzer-Vergesser
- [ ] Staubpartikel-Entdecker
- [ ] Keiner, alle haben klare Bildschirme

Wer verliert ständig die Büroklammern?

- [ ] Klammern-Krieger
- [ ] Büroklammer-Jäger
- [ ] Keiner, alle haben ihre Klammern im Griff

Aufgaben für einen lustigen Arbeitstag

Pizza Überraschungsmix

Jeder sucht sich einen Bekannten aus und bestellt eine Pizza mit Zutaten, die der andere normalerweise nicht wählen würde.

Wie war die Arbeitswoche?

Lass uns einfach nicht drüber reden!

Ich brauche ein Bier

Geht so... Mein Lieblingskollege war Krank.

Super! Mein Chef war nicht da!

Perfekt! Ich hatte Frei!

Diese 3 Dinge haben mich genervt:

1. ______________________________
2. ______________________________
3. ______________________________

Wer ist der Meister, wenn es darum geht, im Büro Gerüchte zu verbreiten?

....

Wer ist der unangefochtene Schnarch-Champion während langweiliger Meetings?

....

Wer erzeugt im Büro die beeindruckendste Symphonie aus Mausklicks?

....

Gibt es einen Kollegen, der ständig Stifte entführt und nie zurückbringt?

....

Welcher Kollege hat den kreativsten Klingelton?

....

Wer spielt immer die lauteste Handy-Melodie im Büro ab?

....

Die coolste Aufgabe des Tages

Ab in die Antike

Tausche den PC deines Kollegen gegen eine Schreibmaschine aus.

Erfolgreichumgesetzt:

☐ Ja

☐ Nein

Welche Rabauken waren dabei:

Wann wurde die Tat begangen:

So lief das Meisterwerk ab:

Wiederholungsbedarf?

☐ Aufjedenfall! ☐ Ja ☐ Den Quatsch mach ich nicht nochmal!

Bewertung des ganzen:

0 1 2 3 4 5 6 7 8 9 10

Champion der bemühten Gemüter — Held ohne Cape

Die wichtigen Fragen des Lebens

Welcher Kollege hat immer die verrücktesten Ideen für das Büro-Dekor?

☐ Dekor-Dandy

☐ Büro-Kunst-Kurator

☐ Keiner, alle mögen minimalistische Bürodekoration

Wer vergisst regelmäßig, den Gemeinschaftsdrucker mit Papier zu versorgen?

☐ Papier-Spürhund

☐ Drucker-Dompteur

☐ Keiner, alle sind Drucker-Verantwortliche

Welcher Kollege hat immer die besten Vorschläge für den nächsten Büroausflug?

☐ Ausflugsplanungs-Guru

☐ Ideen-Kaskaden

☐ Keiner, alle setzen auf bewährte Ausflugsziele

Wer vergisst regelmäßig, den Teamkalender nach Geburtstagen zu durchforsten?

☐ Kalender-Entdecker

☐ Geburtstags-Veranstalter

☐ Keiner, alle haben die Geburtstage im Blick

Welcher Kollege hat immer die neuesten Office-Slangs parat?

☐ Slang-Sprecher

☐ Büro-Wortkünstler

☐ Keiner, alle sprechen klar und deutlich

Wer bringt immer die ungewöhnlichsten Schreibtischdekorationen mit?

☐ Schreibtisch-Deko-Kurator

☐ Büro-Museum-Gestalter

☐ Keiner, alle mögen minimalistische Arbeitsplätze

Aufgaben für einen lustigen Arbeitstag

Tischdekorationen im Wettstreit

Teilnehmer verschönern ihre Tische nach einem bestimmten Thema, wie "Urlaub am Strand" oder "Futuristische Arbeitswelt

Wie war die Arbeitswoche?

Lass uns einfach nicht drüber reden!

Ich brauche ein Bier

Geht so... Mein Lieblingskollege war Krank.

Super! Mein Chef war nicht da!

Perfekt! Ich hatte Frei!

Wie oft hat dich der Kühlschrankraub deines Kollegen in dieser Woche genervt?

- [ ] Täglich
- [ ] Einmal
- [ ] Gar nicht

Welche Arbeitsgewohnheit deines Kollegen hat einen negativen Einfluss auf die Teamarbeit?

- [ ] Mangelnde Kommunikation
- [ ] Unzuverlässigkeit
- [ ] Fehlende Zusammenarbeit

Inwiefern hat dich die Kleiderwahl deines Kollegen gestört?

- [ ] Zu informell
- [ ] Zu auffällig
- [ ] Nicht angemessen für das Büro

Welches Verhalten deines Kollegen hat dich am meisten überrascht?

- [ ] Unprofessionelles Verhalten in Meetings
- [ ] Unangemessene Reaktion auf Kritik
- [ ] Ignorieren von Teamanweisungen

Wie oft hat dich der Druckerstau deines Kollegen in dieser Woche gestört?

- [ ] Häufig
- [ ] Einmal
- [ ] Gar nicht

Die coolste Aufgabe des Tages

Falschparker

Platziere eine "Falschparker"-Notiz auf dem Auto des Kollegen.

Erfolgreichumgesetzt:

- ☐ Ja
- ☐ Nein

Welche Rabauken waren dabei:

Wann wurde die Tat begangen:

So lief das Meisterwerk ab:

Wiederholungsbedarf?

☐ Aufjedenfall! ☐ Ja ☐ Den Quatsch mach ich nicht nochmal!

Bewertung des ganzen:

0 1 2 3 4 5 6 7 8 9 10

Champion der bemühten Gemüter — Held ohne Cape

Die wichtigen Fragen des Lebens

Welcher Kollege vergisst regelmäßig, seinen Schreibtisch nach Feierabend aufzuräumen?

- [ ] Aufräum-Vergesser
- [ ] Büro-Chaos-Künstler
- [ ] Keiner, alle haben immer einen ordentlichen Arbeitsplatz

Wer hat immer die ausgefallensten Ideen für das Büro-Mittagessen?

- [ ] Mittagspause-Kulinarik-Guru
- [ ] Essens-Abenteurer
- [ ] Keiner, alle bevorzugen klassische Mahlzeiten

Welcher Kollege vergisst regelmäßig, sein Lächeln aufzusetzen?

- [ ] Lächel-Vergesser
- [ ] Mimik-Meister
- [ ] Keiner, alle sind stets freundlich

Wer hat immer die besten Anekdoten über vergessene Unterlagen auf dem Kopierer?

- [ ] Kopierer-Dokumenten-Erzähler
- [ ] Papierchaos-Chronist
- [ ] Keiner, alle behalten ihre Ausdrucke im Auge

Welcher Kollege vergisst regelmäßig, den Team-Kalender zu aktualisieren?

- [ ] Kalender-Update-Vergesser
- [ ] Termin-Organisations-Held
- [ ] Keiner, alle sind kalenderaffin

Wer hat immer die auffälligsten Bildschirmhintergründe?

- [ ] Wallpaper-Künstler
- [ ] Bildschirm-Designer
- [ ] Keiner, alle mögen minimalistische Hintergründe

Aufgaben für einen lustigen Arbeitstag

Stadt-Land-Office

Das klassische Stadt, Land und Fluss nur mit Begriffen aus dem Büro erweitert. Z.B. die Vornamen der Kollegen.

Wie war die Arbeitswoche?

Diese 3 Dinge haben mich genervt:

1 ____

2 ____

3 ____

Wer ist der Champion der spontanen Bürostuhlrennen?

....

Wer beherrscht den Büro-Mittagsschlaf am souveränsten?

....

Wer kreiert das eindrucksvollste Schreibtischchaos im Büro?

....

Wer ist der unangefochtene König der Büro-Lacher?

....

Wer führt Regie im Drama des Büropausenraums am besten?

....

Wer gräbt am besten nach vergessenen Schätzen im Büroschrank?

....

Die coolste Aufgabe des Tages

Achtung Hupe!

Befestige am Stuhl deines Kollegen eine Drucklufthupe, damit, wenn dieser sich hinsetzt, die Hupe beginnt zu tröten.

Erfolgreichumgesetzt:

☐ Ja

☐ Nein

Welche Rabauken waren dabei:

Wann wurde die Tat begangen:

So lief das Meisterwerk ab:

Wiederholungsbedarf?

☐ Aufjedenfall! ☐ Ja ☐ Den Quatsch mach ich nicht nochmal!

Bewertung des ganzen:

0 1 2 3 4 5 6 7 8 9 10

Champion der bemühten Gemüter — Held ohne Cape

Die wichtigen Fragen des Lebens

Welcher Kollege vergisst regelmäßig, seine Kopfhörer aufzuladen?

- [ ] Akku-Lade-Vergesser
- [ ] Tonlos-Tycoon
- [ ] Keiner, alle haben ihre Gadgets im Griff

Wer hat immer die besten Vorschläge für das nächste Office-Meetup?

- [ ] Meetup-Meister
- [ ] Veranstaltungs-Visionär
- [ ] Keiner, alle bevorzugen virtuelle Meetings

Welcher Kollege vergisst regelmäßig, seine E-Mails zu sortieren?

- [ ] E-Mail-Chaos-Champion
- [ ] Postfach-Organisator
- [ ] Keiner, alle haben ihre Mails im Griff

Wer bringt immer die neuesten Büro-Insider-Witze mit?

- [ ] Insider-Witz-Meister
- [ ] Büro-Humor-Kenner
- [ ] Keiner, alle lieben den klassischen Bürowitz

Welcher Kollege vergisst regelmäßig, seine Tastatur zu säubern?

- [ ] Tastatur-Staubfänger
- [ ] Keyboard-Hygieniker
- [ ] Keiner, alle haben blitzsaubere Tastaturen

Wer hat immer die außergewöhnlichsten Vorschläge für den nächsten Büro-Sporttag?

- [ ] Sporttag-Stratege
- [ ] Aktivitäten-Architekt
- [ ] Keiner, alle setzen auf klassische Pausen

Aufgaben für einen lustigen Arbeitstag

Was ist anders

Eine Person verlässt das Büro und ein Gegenstand wird verstellt oder geändert. Die Person kommt zurück und muss die Veränderung erraten.

Wie war die Arbeitswoche?

Was würdest du deinem nervigen Kollegen gerne anonym mitteilen?

- [ ] Bitte sei leiser.
- [ ] Sei pünktlicher.
- [ ] Reduziere den Lärmpegel deiner Kopfhörer.

Welche Art von Ablenkung durch deinen Kollegen findest du am frustrierendsten?

- [ ] Ständige Handybenutzung
- [ ] Laute Gespräche mit anderen Kollegen
- [ ] Unnötige Besprechungen

Wie oft hat dich die Essensauswahl deines Kollegen im Büro gestört?

- [ ] Täglich
- [ ] Gelegentlich
- [ ] Gar nicht

Welche Teamaktivität deines Kollegen hat dir am wenigsten gefallen?

- [ ] Teambuilding-Übungen
- [ ] Gruppenprojekte
- [ ] Gemeinsame Mittagspausen

Wie oft hat dich die Musikwahl deines Kollegen im Büro gestört?

- [ ] Immer
- [ ] Manchmal
- [ ] Gar nicht

Die coolste Aufgabe des Tages

Out of Order!

Entferne aus der Toilette das Toilettenpapier und füge in die Kaffeekanne des Kollegen Abführmittel.

Erfolgreichumgesetzt:

☐ Ja

☐ Nein

Welche Rabauken waren dabei:

____

____

Wann wurde die Tat begangen:

____

So lief das Meisterwerk ab:

____

____

____

Wiederholungsbedarf?

☐ Aufjedenfall! ☐ Ja ☐ Den Quatsch mach ich nicht nochmal!

Bewertung des ganzen:

0 1 2 3 4 5 6 7 8 9 10

Champion der bemühten Gemüter — Held ohne Cape

Die wichtigen Fragen des Lebens

Welcher Kollege vergisst regelmäßig, seine Meetings stummzuschalten?

- [ ] Stumm-Meeting-Verweigerer
- [ ] Audio-Experte
- [ ] Keiner, alle beherrschen die Stummschaltung

Wer hat immer die ausgefallensten Ideen für die Büro-Kaffeepause-Snacks?

- [ ] Kaffeepausen-Snack-Designer
- [ ] Leckereien-Entdecker
- [ ] Keiner, alle mögen klassische Pausensnacks

Welcher Kollege vergisst regelmäßig, seine Tasse zu spülen?

- [ ] Tassen-Spül-Vergesser
- [ ] Becher-Beschmutzer
- [ ] Keiner, alle halten ihre Tassen sauber

Wer hat immer die besten Empfehlungen für den Büro-Streaming-Abend?

- [ ] Streaming-Abend-Kurator
- [ ] Serien-Guru
- [ ] Keiner, alle mögen unterschiedliche Genres

Welcher Kollege vergisst regelmäßig, seinen Schreibtisch aufzuräumen?

- [ ] Aufräum-Vergesser
- [ ] Chaos-König
- [ ] Keiner, alle haben einen ordentlichen Arbeitsplatz

Wer hat immer die schrägsten Ideen für die Büro-Fotowand?

- [ ] Fotowand-Fantast
- [ ] Bild-Collagen-Künstler
- [ ] Keiner, alle setzen auf klassische Bürodekoration

Aufgaben für einen lustigen Arbeitstag

Motivations Magnetwand

Jeder Mitarbeiter gestaltet einen Magneten mit einer motivierenden Botschaft, die dann auf einer gemeinsamen Magnetwand angebrachtwird

Die wichtigen Fragen des Lebens

Welcher Kollege vergisst regelmäßig, seine Schuhe auszuziehen, wenn er im Büro ankommt?

- ☐ Schuh-Träger
- ☐ Fußboden-Abenteurer
- ☐ Keiner, alle haben Hausschuhe im Büro

Wer hat immer die besten Ideen für den nächsten Büro-Flashmob?

- ☐ Flashmob-Organisator
- ☐ Spontanitäts-Guru
- ☐ Keiner, alle mögen ruhige Arbeitsumgebungen

Welcher Kollege vergisst regelmäßig, sein Passwort zu aktualisieren?

- ☐ Passwort-Vergesser
- ☐ Sicherheits-Schluderer
- ☐ Keiner,allesindPasswort-Profis

Wer hat immer die neuesten Büro-Gerüchte auf dem Radar?

- ☐ Gerüchte-Kenner
- ☐ Klatsch-Experte
- ☐ Keiner, alle mögen private Informationen

Welcher Kollege vergisst regelmäßig, seine Handy-Apps zu aktualisieren?

- ☐ App-Update-Vergesser
- ☐ Smartphone-Standzeit-Meister
- ☐ Keiner, alle haben die aktuellsten Apps

Wer hat immer die buntesten Post-its?

- ☐ Post-it-Künstler
- ☐ Notizzettel-Champion
- ☐ Keiner, alle mögen schlichte Notizen

Aufgaben für einen lustigen Arbeitstag

Kunstvolle Flipchart-Kreationen

Die Mitarbeiter nutzen Flipcharts, um kreative Zeichnungen, Mind Maps oder Ideensammlungen zu erstellen und diese im Büro auszustellen.

Wie war die Arbeitswoche?

Lass uns einfach nicht drüber reden! | Ich brauche ein Bier | Geht so... Mein Lieblingskollege war Krank. | Super! Mein Chef war nicht da! | Perfekt! Ich hatte Frei!

Welches Thema deines Kollegen im Büro findest du am unangenehmsten?

- [ ] Politik
- [ ] Religion
- [ ] Persönliche Finanzen

Wie oft hat dich die Telefonnutzung deines Kollegen für persönliche Gespräche gestört?

- [ ] Häufig
- [ ] Gelegentlich
- [ ] Gar nicht

Welche Besprechungsgewohnheit deines Kollegen hat dich am meisten genervt?

- [ ] Zu lange Besprechungen
- [ ] Mangelnde Vorbereitung
- [ ] Ständiges Unterbrechen anderer

Welches Verhalten deines Kollegen würdest du am ehesten ändern, wenn du könntest?

- [ ] Kommunikationsstil
- [ ] Pünktlichkeit
- [ ] Teamarbeit

Welches Verhalten deines Kollegen hat dich am meisten aus dem Arbeitsfluss gebracht?

- [ ] Ständige Unterbrechungen
- [ ] Unnötige Meetings
- [ ] Unpünktlichkeit bei gemeinsamen Projekten

Die coolste Aufgabe des Tages

Vaterschaftstest

Fordere, sobald ein Kollege mitteilt, dass er Vater wird, einen Vaterschaftstest ein.

Erfolgreichumgesetzt:

☐ Ja

☐ Nein

Welche Rabauken waren dabei:

Wann wurde die Tat begangen:

So lief das Meisterwerk ab:

Wiederholungsbedarf?

☐ Aufjedenfall! ☐ Ja ☐ Den Quatsch mach ich nicht nochmal!

Bewertung des ganzen:

0 – 1 – 2 – 3 – 4 – 5 – 6 – 7 – 8 – 9 – 10

Champion der bemühten Gemüter … Held ohne Cape

Die wichtigen Fragen des Lebens

Welcher Kollege vergisst regelmäßig, sein E-Mail-Postfach zu leeren?

- [ ] Postfach-Vergesser
- [ ] Mailbox-Chaot
- [ ] Keiner, alle halten ihre E-Mails im Blick

Wer hat immer die besten Empfehlungen für den Büro-Musikmix?

- [ ] Musikmix-Meister
- [ ] Playlist-Profis
- [ ] Keiner,allemögenStille

Welcher Kollege vergisst regelmäßig, den Gemeinschaftsdrucker zu überprüfen?

- [ ] Drucker-Detektiv
- [ ] Papier-Inspektor
- [ ] Keiner,allesindDruck-Profis

Wer hat immer die schnellsten Finger auf der Büro-Tastatur?

- [ ] Tastatur-Tornado
- [ ] Schnellschreiber-Experte
- [ ] Keiner, alle tippen mit gleicher Geschwindigkeit

Welcher Kollege vergisst regelmäßig, sein Bürolicht auszuschalten?

- [ ] Licht-Vergesser
- [ ] Leuchtmittel-Liebhaber
- [ ] Keiner, alle achten auf Energieeffizienz

Wer hat immer die besten Ideen für den nächsten Bürothemen-Abend?

- [ ] Themen-Abend-Meister
- [ ] Ideen-Generator
- [ ] Keiner, alle mögen spontane Gespräche

Aufgaben für einen lustigen Arbeitstag

Fotowand der Kollegen

Erstelle eine Fotowand im Büro mit Bildern von den Mitarbeitern und ihren Hobbys außerhalb der Arbeit.

Wie war die Arbeitswoche?

Diese 3 Dinge haben mich genervt:

1. ____

2. ____

3. ____

Wer ist der unbestrittene Barista des Bürokaffees?

....

Wer hat den Titel des Büro-Mikrowellen-Champions inne?

....

Wer verschwindet ständig mit den besten Stiften im Büro?

....

Wer kontrolliert die Büro-Fernbedienung mit eiserner Hand?

....

Wer hat den gemütlichsten Bürostuhl und wie schafft er das?

....

Wer bringt das Büro mit spontanen Tanzmoves zum Lachen?

....

Die coolste Aufgabe des Tages

Der Defekt

Klebe einen "Defekt"-Aufkleber auf den Drucker.

Erfolgreichumgesetzt:

☐ Ja

☐ Nein

Welche Rabauken waren dabei:

Wann wurde die Tat begangen:

So lief das Meisterwerk ab:

Wiederholungsbedarf?

☐ Aufjedenfall! ☐ Ja ☐ Den Quatsch mach ich nicht nochmal!

Bewertung des ganzen:

0 1 2 3 4 5 6 7 8 9 10

Champion der bemühten Gemüter — Held ohne Cape

Die wichtigen Fragen des Lebens

Welcher Kollege hat die lautesten Kopfhörer?

- [ ] Kopfhörer-Lautstärke-Champion
- [ ] Büro-DJ
- [ ] Keiner, alle haben den richtigen Beat im Ohr

Wer vergisst regelmäßig, den Bürostuhl auf "bequem" zu stellen?

- [ ] Stuhl-Komfort-Vergesser
- [ ] Sitzgelegenheits-Chaot
- [ ] Keiner, alle haben die ideale Sitzposition

Welcher Kollege hat immer die kreativsten "Out of Office"-Texte?

- [ ] OOO-Künstler
- [ ] Abwesenheits-Text-Experte
- [ ] Keiner, alle bleiben klassisch

Wer vergisst regelmäßig, seinen Bildschirmschoner zu ändern?

- [ ] Screensaver-Vergesser
- [ ] Bildschirm-Design-Guru
- [ ] Keiner,allemögenStandard-Screensaver

Welcher Kollege hat immer die besten Ausreden für verspätetes Erscheinen im Büro?

- [ ] Ausreden-König
- [ ] Morgen-Muffel-Meister
- [ ] Keiner,allesindPünktlichkeits-Profis

Wer vergisst regelmäßig, die Team-Chat-Emojis zu verwenden?

- [ ] Emoji-Vergesser
- [ ] Chat-Kommunikator
- [ ] Keiner, alle nutzen klare Worte

Aufgaben für einen lustigen Arbeitstag

Comedy-Show

Ermögliche den Mitarbeitern, kurze Comedy-Routinen oder Sketche vorzuführen, um für gemeinsames Lachen zu sorgen.

Wie war die Arbeitswoche?

Lass uns einfach nicht drüber reden!	Ich brauche ein Bier	Geht so... Mein Lieblingskollege war Krank.	Super! Mein Chef war nicht da!	Perfekt! Ich hatte Frei!

Wie hat dich die Nutzung von Bürogeräten durch deinen Kollegen beeinträchtigt?

- [ ] Druckerstau verursacht
- [ ] Computerprobleme verschuldet
- [ ] Kopierer blockier

Welche persönlichen Angewohnheiten deines Kollegen haben dich am meisten gest

- [ ] Kauen von Kaugummi
- [ ] Lautes Niesen
- [ ] Ständiges Jucken oder Kratzen

Inwiefern hat dich die Garderobenwahl deines Kollegen beeinträchtigt?

- [ ] Zu auffällige Kleidung Mangelnde
- [ ] Büroangemessenheit
- [ ] UnangemesseneSchuhwahl

Welche Art von Späßen deines Kollegen findest du am wenigsten lustig?

- [ ] Ironische Kommentare
- [ ] Unangemessene Scherze
- [ ] Ständiges Witzeerzählen

Inwiefern hat dich die Art und Weise gestört, wie dein Kollege Konflikte löst?

- [ ] Konfrontativ
- [ ] Zu passiv
- [ ] IgnoriertKonflikte

Die coolste Aufgabe des Tages

Der Rückruf

Klebe einen Zettel an den Schreibtisch eines Kollegen mit der Aufschrift "Frau Chantal bittet um Rückruf" und hinterlasse die Nummer eines Bordells.

Erfolgreichumgesetzt:

☐ Ja

☐ Nein

Welche Rabauken waren dabei:

Wann wurde die Tat begangen:

So lief das Meisterwerk ab:

Wiederholungsbedarf?

☐ Aufjedenfall! ☐ Ja ☐ Den Quatsch mach ich nicht nochmal!

Bewertung des ganzen:

0 1 2 3 4 5 6 7 8 9 10

Champion der bemühten Gemüter — Held ohne Cape

Die wichtigen Fragen des Lebens

Welcher Kollege hat immer die neuesten Büro-Gadgets?

- [ ] Gadget-Guru
- [ ] Technik-Entdecker
- [ ] Keiner, alle bleiben bei den Basics

Wer vergisst regelmäßig, seine Pflanzen zu gießen?

- [ ] Pflanzen-Gießkanne-Vergesser
- [ ] Blumen-Welken-Meister
- [ ] Keiner, alle haben grüne Daumen

Welcher Kollege hat immer die verrücktesten Ideen für Teambuilding?

- [ ] Teambuilding-Tornado
- [ ] Aktivitäten-Architekt
- [ ] Keiner, alle mögen es klassisch

Wer vergisst regelmäßig, sein Telefon auf lautlos zu stellen?

- [ ] Klingelton-Vergesser
- [ ] Ruhe-Störer
- [ ] Keiner, alle sind akustisch bewusst

Welcher Kollege vergisst regelmäßig, den Gemeinschaftsdrucker zu checken?

- [ ] Drucker-Detektiv
- [ ] Papier-Inspektor
- [ ] Keiner,allesindDruck-Profis

Wer hat immer die buntesten Post-its?

- [ ] Post-it-Künstler
- [ ] Notizzettel-Champion
- [ ] Keiner, alle mögen schlichte Notizen

Aufgaben für einen lustigen Arbeitstag

Kunstvolle Kaffeetassen

Die Mitarbeiter gestalten ihre eigenen Kaffeetassen mit Farben, Zeichnungen oder inspirierenden Botschaften.

Wie war die Arbeitswoche?

Lass uns einfach nicht drüber reden! | Ich brauche ein Bier | Geht so... Mein Lieblingskollege war Krank. | Super! Mein Chef war nicht da! | Perfekt! Ich hatte Frei!

Diese 3 Dinge haben mich genervt:

1. ____________________
2. ____________________
3. ____________________

Wer schafft es, gleichzeitig mehrere Bürogerüchte in der Luft zu halten?

....

Wer wechselt seine Gesichtsausdrücke so geschickt wie ein Chamäleon?

....

Wer beherrscht die Kunst der Mülltrennung im Büro am besten?

....

Wer hat den beeindruckendsten Schreibtisch im gesamten Büro?

....

Wer komponiert die schönsten Melodien auf dem Büro-Whiteboard?

....

Wer schafft es, eine endlose Anzahl von Tassen auf seinem Schreibtisch zu jonglieren?

....

Die coolste Aufgabe des Tages

Selfie Alarm

Ersetze einige Familienfotos auf dem Schreibtisch des Kollegen durch lustige Selfies.

Erfolgreichumgesetzt:

☐ Ja

☐ Nein

Welche Rabauken waren dabei:

Wann wurde die Tat begangen:

So lief das Meisterwerk ab:

Wiederholungsbedarf?

☐ Aufjedenfall! ☐ Ja ☐ Den Quatsch mach ich nicht nochmal!

Bewertung des ganzen:

0 1 2 3 4 5 6 7 8 9 10

Champion der bemühten Gemüter — Held ohne Cape

Die wichtigen Fragen des Lebens

Welcher Kollege bringt die lautesten Snacks mit?

- [ ] Snack-Lärm-Meister
- [ ] Kau-Experte
- [ ] Keiner,alleessengeräuschlos

Wer hat immer die buntesten Tassen im Büro?

- [ ] Tassen-Farbenkünstler
- [ ] Becher-Bunte
- [ ] Keiner, alle mögen einfarbige Tassen

Welcher Kollege vergisst regelmäßig, den Kaffee auszuschalten?

- [ ] Kaffee-Maschinen-Charmeur Tropfen-
- [ ] Vergesser Keiner, alle haben den
- [ ] Überblick

Wer verliert ständig die Büroklammern?

- [ ] Klammern-Krieger
- [ ] Büroklammer-Jäger
- [ ] Keiner, alle haben ihre Klammern im Griff

Welcher Kollege vergisst regelmäßig, seine To-Do-Liste zu aktualisieren?

- [ ] To-Do-Tausendfüßler
- [ ] Listen-Locker
- [ ] Keiner, alle sind auf dem neuesten Stand

Wer vergisst regelmäßig, den Kühlschrank aufzuräumen?

- [ ] Kühlschrank-Chaot
- [ ] Essens-Rückwärts-Detektiv
- [ ] Keiner,allehaltenOrdnung

Aufgaben für einen lustigen Arbeitstag

Kaffeepausenkaraoke

Einen Karaoke-Tag für die Kaffeepause einführen, an dem Mitarbeiter ihre Lieblingssongs in lustiger Karaoke-Manier vortragen können.

Wie war die Arbeitswoche?

Lass uns einfach nicht drüber reden!	Ich brauche ein Bier	Geht so... Mein Lieblingskollege war Krank.	Super! Mein Chef war nicht da!	Perfekt! Ich hatte Frei!

Diese 3 Dinge haben mich diese Woche zum Kopfschütteln gebracht:

- [ ] Ein wahrer Telefon-Marathon
- [ ] Der Schreibtisch als Freestyle-Chaos
- [ ] Tratsch-Olympiade im Dauereinsatz

Welche theatralische Qualität hat dein Kollege bei der Arbeit?

- [ ] Oscar-würdiges Stöhnen
- [ ] Meisterhafte Augenrollen
- [ ] Drama Queen/King des Büros

HAHA..

Welches skurrile Geräusch hat dich diese Woche am meisten aus der Fassung gebracht?

- [ ] Tastatur-Trommelwirbel
- [ ] Papierraschel-Sinfonie
- [ ] Der epische Stift-Fall

Welcher Tag war aufgrund von Kollegen-Comedy am besten?

- [ ] Montags-Lachflash
- [ ] Mittwochs-Comedy-Club
- [ ] Freitags-Lustigkeit

Wie oft hat dich die Superhelden-Musik deines Kollegen im Büro genervt?

- [ ] Täglich – Kapow!
- [ ] Gelegentlich – Superhelden-Siesta
- [ ] Gar nicht – Immer für eine Lacher gut

Die coolste Aufgabe des Tages

Die Reservierung

Beauftrage den Kollegen, einen Tisch für eine Feier zu reservieren und hinterlege die Nummer eines Bordells.

Erfolgreichumgesetzt:

☐ Ja

☐ Nein

Welche Rabauken waren dabei:

Wann wurde die Tat begangen:

So lief das Meisterwerk ab:

Wiederholungsbedarf?

☐ Aufjedenfall! ☐ Ja ☐ Den Quatsch mach ich nicht nochmal!

Bewertung des ganzen:

0 1 2 3 4 5 6 7 8 9 10

Champion der bemühten Gemüter — Held ohne Cape

Die wichtigen Fragen des Lebens

Welcher Kollege vergisst regelmäßig, seinen Arbeitsplatz nach dem Mittagessen zu lüften?

- [ ] Lüftungs-Vergesser
- [ ] Duftparadies-Schöpfer
- [ ] Keiner, alle mögen frische Luft im Büro

Welcher Kollege schreibt die längsten E-Mails, ohne auf den Punkt zu kommen?

- [ ] Gadget-Guru
- [ ] Technologie-Abenteurer
- [ ] Keiner, alle bleiben bei den bewährten Bürogeräten

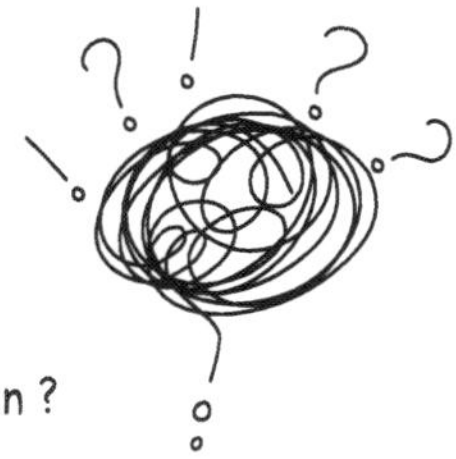

Welcher Kollege vergisst regelmäßig, seinen Bildschirm zu sperren ?

- [ ] Desktop-Künstler
- [ ] Bildschirm-Vergesser
- [ ] Keiner, alle schützen ihre digitalen Kunstwerke

Wer hat immer die vollsten Büroschränke, die bei jeder Schranköffnung zu einem Abenteuer werden?

- [ ] Schrank-Abenteurer
- [ ] Büro-Ordnungsfanatiker
- [ ] Keiner, alle haben minimalistische Büroschränke

Welcher Kollege vergisst regelmäßig, seinen Computer herunterzufahren und wird so zum Energievergeuder?

- [ ] Energie-Vergesser
- [ ] PC-Dauerläufer
- [ ] Keiner,allesindUmweltbewusste

Wer hält immer die längsten Abschiedsgespräche am Telefon ?

- [ ] Telefon-Gesprächskönig
- [ ] Abschieds-Spezialist
- [ ] Keiner, alle haben effiziente Gespräche

Aufgaben für einen lustigen Arbeitstag

Gesichter der Kreativität

Die Mitarbeiter malen ein Selbstporträt mit geschlossenen Augen. Die Ergebnisse werden dann im Büro ausgestellt, und die anderen versuchen zu erraten, welches Bild zu welchem Mitarbeiter gehört.

Wie war die Arbeitswoche?

Lass uns einfach nicht drüber reden! | Ich brauche ein Bier | Geht so... Mein Lieblingskollege war Krank. | Super! Mein Chef war nicht da! | Perfekt! Ich hatte Frei!

Diese 3 Dinge haben mich genervt:

1. ______________________________
2. ______________________________
3. ______________________________

Wer bringt die besten Witze in der Kaffeepausen?

....

Wer beherrscht die Kunst des akrobatischen Schreibtischmanagements?

....

Wer spricht mit seinem Gesichtsausdruck lauter als Worte es könnten?

....

Wer verwandelt einfache Mahlzeiten in der Mikrowelle in Meisterwerke?

....

Wer erforscht regelmäßig den Bürokühlschrank?

....

Wer hat den grünsten Daumen bei der Pflege von Büropflanzen?

....

Die coolste Aufgabe des Tages

Standing Ovation

Platziere kleine Lautsprecher neben dem Kopierer und spiele Soundeffekte wie Applaus oder Trompeten ab, wenn jemand kopiert.

Erfolgreichumgesetzt:

☐ Ja

☐ Nein

Welche Rabauken waren dabei:

Wann wurde die Tat begangen:

So lief das Meisterwerk ab:

Wiederholungsbedarf?

☐ Aufjedenfall! ☐ Ja ☐ Den Quatsch mach ich nicht nochmal!

Bewertung des ganzen:

0 1 2 3 4 5 6 7 8 9 10

Champion der bemühten Gemüter — Held ohne Cape

Die wichtigen Fragen des Lebens

Wer bringt immer die neuesten Office-Apps mit, die das Arbeitsleben in eine Abenteuerreise verwandeln?

☐ App-Entdecker

☐ Digital-Abenteurer

☐ Keiner, alle bleiben bei den bewährten Bürotools

Welcher Kollege vergisst den Gemeinschaftskühlschrank nach abgelaufenen Lebensmitteln zu durchsuchen?

☐ Kühlschrank-Archäologe

☐ Verfallsdatum-Detektiv

☐ Keiner, alle haben einen Blick für Frische

Wer verliert regelmäßig den Überblick über die Büro-Schlüssel und wird so zum Schlüssel-Suchexperten?

☐ Schlüssel-Detektiv

☐ Türöffnungs-Experte Keiner,allesindSchlüssel-

☐ Organisations-Profis

Welcher Kollege vergisst regelmäßig, seine Stifte wieder zurückzulegen ?

☐ Stift-Entdecker

☐ Schreibgeräte-Streuer

☐ Keiner, alle haben einen festen Stiftplatz

Wer hat immer die ausgefallensten Pausenaktivitäten, die das Büro in einen Freizeitpark verwandeln?

☐ Pausen-Entertainer

☐ Freizeitpark-Organisator

☐ Keiner, alle haben entspannte Pausenaktivitäten

Welcher Kollege vergisst regelmäßig, den Projektor nach der Präsentation auszuschalten?

☐ Projektor-Performer

☐ Lichtspieltheater-Schöpfer

☐ Keiner, alle haben die Technik im Griff

Aufgaben für einen lustigen Arbeitstag

Unnützes Wissen

Mitarbeiter treten in einem "Unnützes Wissen"-Quiz gegeneinander an. Die absurdesten und skurrilsten Fakten gewinnen.

Wie war die Arbeitswoche?

Lass uns einfach nicht drüber reden! | Ich brauche ein Bier | Geht so... Mein Lieblingskollege war Krank. | Super! Mein Chef war nicht da! | Perfekt! Ich hatte Frei!

Wenn dein nerviger Kollege ein Tier wäre, welches wäre er?

- [ ] Papagei (ständiges Nachplappern)
- [ ] Faultier (immer in Zeitlupe)
- [ ] Flughuhn (dauernd aufgeregt)

In welchem Paralleluniversum wäre die Kleiderwahl deines Kollegen modisch?

- [ ] "Hipster-Hero" in der Alternativ-Welt
- [ ] "Galaktischer Guru" in der Weltraumdimension
- [ ] "Zeitreise-Zar" im Retro-Universum

Wenn dein Kollege ein Geräuschtrack wäre, welches Lied würde er spielen?

- [ ] "Symphonie der Schlürfgeräusche"
- [ ] "Rhythmus der Tastatur-Tanzeinlagen"
- [ ] "Der Ohrwurm des Papierstau-Raps"

Welche Superheldenfähigkeit wünschst du dir, um den nervigen Kaffeedieb zu überlisten?

- [ ] Unsichtbarkeit für geheime Koffeinmissionen
- [ ] Teleportation, um Kaffeediebstähle zu verhindern
- [ ] Telepathie, um Kaffeewünsche zu erraten

Wie würdest du die dramatische "Büro-Saga" deines Kollegen zusammenfassen?

- [ ] Die epische Suche nach dem verschwundenen Kugelschreiber
- [ ] Das Geheimnis des vergessenen Mittagessens
- [ ] Der Fluch des Druckerstaus

Die coolste Aufgabe des Tages

Das Angebot

Schicke dem Kollegen eine E-Mail von einem bekannten Unternehmen mit einem Angebot für ein kostenloses Produkt oder eine Dienstleistung.

Erfolgreichumgesetzt:

☐ Ja

☐ Nein

Welche Rabauken waren dabei:

Wann wurde die Tat begangen:

So lief das Meisterwerk ab:

Wiederholungsbedarf?

☐ Aufjedenfall! ☐ Ja ☐ Den Quatsch mach ich nicht nochmal!

Bewertung des ganzen:

0 1 2 3 4 5 6 7 8 9 10

Champion der bemühten Gemüter — Held ohne Cape

Die wichtigen Fragen des Lebens

Wer hat immer die besten Ideen für Bürospiele, die die Mittagspause in ein Spielparadies verwandeln?

- [ ] Spiele-Meister
- [ ] Mittagspausen-Gamer
- [ ] Keiner, alle mögen eine ruhige Mittagspause

Welcher Kollege vergisst regelmäßig, die Tür nach dem Betreten des Besprechungsraums zu schließen?

- [ ] Tür-Vergesser
- [ ] Besprechungsraum-Entlüfter
- [ ] Keiner,allesindTür-Schließer

Wer hat immer die besten Musik-Playlists und sorgt für den perfekten Soundtrack im Büro?

- [ ] Musik-Maestro
- [ ] Playlist-Performer
- [ ] Keiner, alle haben den gleichen Musikgeschmack

Welcher Kollege vergisst regelmäßig, den Spülmaschinen-Modus am Gemeinschaftsgeschirr zu aktivieren?

- [ ] Spülmaschinen-Vergesser
- [ ] Geschirrspül-Verweigerer
- [ ] Keiner,allesindGeschirrspül-Profis

Wer hat immer die farbenfrohsten Office-Tassen, die die Kaffeepause in ein Farbenspektakel verwandeln?

- [ ] Tassen-Künstler
- [ ] Kaffeepausen-Maler
- [ ] Keiner, alle mögen einfarbige Tassen

Welcher Kollege vergisst regelmäßig, den Wecker nach dem Mittagsschlaf auszuschalten?

- [ ] Siesta-Schläfer
- [ ] Wecker-Vergesser
- [ ] Keiner, alle sind Meister der Mittagspause

Aufgaben für einen lustigen Arbeitstag

Ver kehr te Welt

Mitarbeiter können ihre Aufgaben vertauschen oder sich in den Rollen von Kollegen ausprobieren.

Wie war die Arbeitswoche?

Diese 3 Dinge haben mich genervt:

1. ____
2. ____
3. ____

Welcher Kollege hat dich am meisten genervt?

....

Welche unangenehme Eigenschaft hat dein Kollege?

....

Welche Art von Geräusch stört dich am meisten im Büro?

....

Welches Verhalten deines Kollegen hat dich in dieser Woche am meisten gestört?

....

Welcher Tag war aufgrund von Kollegen am anstrengendsten?

....

Was könnte dein Kollege tun, um weniger nervig zu sein?

....

Die coolste Aufgabe des Tages

Von wem ist das Paket?

Verschicke dem Kollegen ein Paket mit einem lustigen Geschenk.

Erfolgreichumgesetzt:

☐ Ja

☐ Nein

Welche Rabauken waren dabei:

Wann wurde die Tat begangen:

So lief das Meisterwerk ab:

Wiederholungsbedarf?

☐ Aufjedenfall! ☐ Ja ☐ Den Quatsch mach ich nicht nochmal!

Bewertung des ganzen:

0 1 2 3 4 5 6 7 8 9 10

Champion der bemühten Gemüter … Held ohne Cape

Die wichtigen Fragen des Lebens

Wer vergisst regelmäßig, sein Lunchpaket aus dem Kühlschrank zu holen ?

☐ Lunchbox-Abenteurer

☐ Kühlschrank-Forscher

☐ Keiner, alle haben ihren Essensplan im Blick

Welcher Kollege hat immer den kreativsten "Out of Office"-Text?

☐ OOO-Künstler

☐ Abwesenheits-Text-Titan

☐ Keiner, alle halten es klassisch

Wer bringt immer die neuesten Office-Gadgets mit, die das Büroleben in eine Spielwiese verwandeln?

☐ Gadget-Guru

☐ Büro-Gadget-Entdecker

☐ Keiner, alle bleiben bei den klassischen Bürogeräten

Welcher Kollege vergisst regelmäßig, seine Termine im Teamkalender einzutragen?

☐ Teamkalender-Vergesser

☐ Termin-Eintrag-Meider

☐ Keiner,allesindTeamkalender-Profis

Wer verliert regelmäßig seinen Schreibtischstuhl?

☐ Stuhl-Roulette-Spieler

☐ Sitzplatz-Verwechsler

☐ Keiner, alle haben ihre festen Sitzplätze

Welcher Kollege vergisst regelmäßig, den Bürodrucker mit Humor-Postern zu schmücken?

☐ Drucker-Dekorateur

☐ Poster-Vergesser

☐ Keiner, alle mögen neutrale Büroumgebungen

Aufgaben für einen lustigen Arbeitstag

Hut-Tag

Einen Tag in der Woche zum "Hut-Tag" erklären, an dem alle Mitarbeiter lustige, ausgefallene oder themenbezogene Hüte tragen.

Wie war die Arbeitswoche?

Lass uns einfach nicht drüber reden!

Ich brauche ein Bier

Geht so... Mein Lieblingskollege war Krank.

Super! Mein Chef war nicht da!

Perfekt! Ich hatte Frei!

In welchem Filmgenre würde dein Kollege am besten mitspielen?

- [ ] Comedy – für unschlagbare Wortwitze
- [ ] Action – für seine heroischen Kaffeemissionen
- [ ] Drama – für die Tragik der leeren Kühlschrankmomente

Wenn dein nerviger Kollege ein Auto wäre, welches Modell würde er sein?

- [ ] "Der Laute Luxusliner"
- [ ] "Der Unberechenbare Geländewagen"
- [ ] "Die Rennsemmel im Verkehrschaos"

Welches Urlaubsziel würde dein Kollege wählen, um seine Bürosorgen zu vergessen?

- [ ] "Die Insel der Ständigen Sonnenbrillen"
- [ ] "Das Tal der unbegrenzten Kaffeefelder"
- [ ] "Der Berg der unbeantworteten E-Mails"

Welche Entschuldigung würdest du verwenden, um deinem Kollegen zu entkommen?

- [ ] "Ich übe meine unsichtbare Flöte" "Ich bin im Training für
- [ ] die Lufttrommel-Weltmeisterschaft" "Ich mache mit
- [ ] beim lautlosen Applaus-Wettbewerb"

Welcher Superheld könnte die Bürowelt vor den nervigen Kollegen retten?

- [ ] "Captain Kaffeetasse"
- [ ] "The Silent Keyboard Ninja"
- [ ] "The Time-Management Magician"

Die coolste Aufgabe des Tages

Polizei!!!

Verkleide dich als ein Polizist und stelle dem Kollegen einige Fragen.

Erfolgreichumgesetzt:

☐ Ja

☐ Nein

Welche Rabauken waren dabei:

Wann wurde die Tat begangen:

So lief das Meisterwerk ab:

Wiederholungsbedarf?

☐ Aufjedenfall! ☐ Ja ☐ Den Quatsch mach ich nicht nochmal!

Bewertung des ganzen:

0 1 2 3 4 5 6 7 8 9 10

Champion der bemühten Gemüter — Held ohne Cape

Die wichtigen Fragen des Lebens

Wer verliert regelmäßig den Überblick über die Büro-Schlüssel und wird so zum Tür-Öffnungs-Entdecker?

- [ ] Schlüssel-Detektiv
- [ ] Türöffnungs-Entdecker
- [ ] Keiner, alle haben ihre Schlüssel sicher aufbewahrt

Welcher Kollege hat immer die verrücktesten Ideen für Teambuilding-Aktivitäten?

- [ ] Teambuilding-Titan
- [ ] Aktivitäten-Architekt
- [ ] Keiner, alle setzen auf klassische Teamaktivitäten

Wer vergisst regelmäßig, seine Pflanzen zu gießen und sorgt so für ein Dschungel-Abenteuer am Schreibtisch?

- [ ] Pflanzen-Pflege-Vergesser
- [ ] Büro-Dschungel-Abenteurer
- [ ] Keiner, alle haben grüne Daumen

Welcher Kollege hat immer die wildesten Theorien über die Bürokaffeemaschine und ihre Geheimnisse?

- [ ] Kaffeemaschinen-Philosoph
- [ ] Espresso-Enthusiast
- [ ] Keiner, alle halten sich an die Betriebsanleitung

Wer vergisst regelmäßig, den Bürostuhl auf "bequem" zu stellen?

- [ ] Keiner, alle haben den perfekten
- [ ] Sitz Stuhl-Einstellungs-Abenteurer
- [ ] Bequemlichkeits-Vergesser

Welcher Kollege hat immer die absurdesten Spitznamen für die Bürogeräte?

- [ ] Spitznamen-Schöpfer
- [ ] Geräte-Guru
- [ ] Keiner, alle bleiben bei den Standardbezeichnungen

Aufgaben für einen lustigen Arbeitstag

Emoji

Jeder Mitarbeiter wählt ein Emoji aus. die anderen müssen erraten, was das Emoji repräsentiert.

Wie war die Arbeitswoche?

Lass uns einfach nicht drüber reden!

Ich brauche ein Bier

Geht so... Mein Lieblingskollege war Krank.

Super! Mein Chef war nicht da!

Perfekt! Ich hatte Frei!

Diese 3 Dinge haben mich genervt:

1. ______________________________
2. ______________________________
3. ______________________________

Welcher Kollege ist berüchtigt dafür, die Bürostühle in ein Chaos zu verwandeln?

....

Welcher Kollege bringt den Drucker regelmäßig dazu, mysteriöse Dinge zu drucken?

....

Welcher Kollege hat eine besondere Fähigkeit, E-Mails in Rekordzeit zu beantworten?

....

Wer ist der Meister im Verstellen der Tasten auf den Tastaturen der Kollegen?

....

Was war das lustigste Ereignis im Pausenraum, das dich genervt hat?

....

Wer liefert sich das intensivste Duell um die Büro-Mikrowelle?

....

Die coolste Aufgabe des Tages

Duschonwieder

Drucke eine lebensgroße Pappfigur von dir aus und platziere sie neben dem Schreibtisch des Kollegen.

Erfolgreichumgesetzt:

☐ Ja

☐ Nein

Welche Rabauken waren dabei:

Wann wurde die Tat begangen:

So lief das Meisterwerk ab:

Wiederholungsbedarf?

☐ Aufjedenfall! ☐ Ja ☐ Den Quatsch mach ich nicht nochmal!

Bewertung des ganzen:

0 1 2 3 4 5 6 7 8 9 10

Champion der bemühten Gemüter — Held ohne Cape

Die wichtigen Fragen des Lebens

Wer vergisst regelmäßig, seine Kaffeetasse zu spülen und wird so zum Tassen-Touristen?

- [ ] Tassen-Spül-Vergesser
- [ ] Spülmaschinen-Verweigerer Keiner, alle haben einen
- [ ] sauberen Tassenstapel

Welcher Kollege hat immer die schrillsten Handyklingeltöne, die das Büro in eine akustische Oase verwandeln?

- [ ] Klingelton-Künstler
- [ ] Handy-Ton-Dirigent
- [ ] Keiner, alle setzen auf unauffällige Klingeltöne

Wer vergisst regelmäßig, seinen Arbeitsplatz nach dem Mittagessen zu desinfizieren?

- [ ] Desinfektions-Detektiv
- [ ] Mittagspausen-Hygienike
- [ ] Keiner, alle haben ein Auge auf die Sauberkeit

Welcher Kollege hat immer die extravagantesten Ideen für das Büro-Karnevalskostüm?

- [ ] Kostüm-Künstler
- [ ] Büro-Karnevals-Guru
- [ ] Keiner, alle bleiben bei klassischen Verkleidungen

Wer vergisst regelmäßig, seine Kopfhörer leise zu stellen und wird so zum unfreiwilligen DJ des Büros?

- [ ] Kopfhörer-Lautstärke-Vergesser
- [ ] Büro-DJ
- [ ] Keiner, alle haben den richtigen Beat im Ohr

Welcher Kollege hat immer die ausgefallensten Tastatur-Shortcuts?

- [ ] Shortcut-Magier
- [ ] Tasten-Tüftler
- [ ] Keiner, alle setzen auf die Standard-Shortcuts

Aufgaben für einen lustigen Arbeitstag

Falschinformation des Tages

Jeden Tag erstellt ein Mitarbeiter eine absichtlich falsche Information und teilt sie mit dem Team.
Die anderen müssen herausfinden, was an der Information falsch ist.

Wie war die Arbeitswoche?

Welcher Zaubertrick würde die Büro-Magie deines Kollegen am besten beschreiben?

- [ ] Der unsichtbare Kaffeetricks
- [ ] Die schwebende Schreibtisch-Akrobatik
- [ ] Die spontane Verschwindi-Teetasse

In welchem Fantasy-Roman würde dein Kollege eine Hauptrolle spielen?

- [ ] Die Chroniken des Kaffeekönigs
- [ ] Der Herr der Klebrigen Notizzettel
- [ ] Harry Pausenlos und der Orden des Stifteverlusts

Welches Haustier würde die Persönlichkeit deines Kollegen am besten repräsentieren?

- [ ] Der energiegeladene Bürohund
- [ ] Die neugierige Bürokatze Der
- [ ] kommunikative Büropapagei

Wenn dein Kollege ein Gericht wäre, welches würde er am besten beschreiben?

- [ ] Das Spaghetti-Chaos a la Office
- [ ] Die Pizza der Pausenlosigkeit Das
- [ ] Sandwich der Schrulligkeiten

In welchem Cartoon könnte dein Kollege eine Gastrolle haben?

- [ ] Die verrückten Kaffeekumpels
- [ ] Die unerklärlichen Büroereignisse
- [ ] Die Abenteuer der chaotischen Tastaturhelden

Die coolste Aufgabe des Tages

Falsche Tastatur

Schließe eine zweite Tastatur an den Computer deines Kollegen an und tippe immer mal wieder etwas ein, wenn dieser etwas schreibt.

Erfolgreichumgesetzt:

☐ Ja

☐ Nein

Welche Rabauken waren dabei:

Wann wurde die Tat begangen:

So lief das Meisterwerk ab:

Wiederholungsbedarf?

☐ Aufjedenfall! ☐ Ja ☐ Den Quatsch mach ich nicht nochmal!

Bewertung des ganzen:

0 1 2 3 4 5 6 7 8 9 10

Champion der bemühten Gemüter — Held ohne Cape

Die wichtigen Fragen des Lebens

Wer bringt immer die neuesten Büro-Gadgets mit, die das Büroleben in eine Spielwiese verwandeln?

- [ ] Gadget-Guru
- [ ] Büro-Gadget-Entdecker
- [ ] Keiner, alle bleiben bei den klassischen Bürogeräten

Welcher Kollege vergisst regelmäßig, den Pausenraum nach dem Mittagessen zu lüften ?

- [ ] Lüftungs-Vergesser
- [ ] Pausenraum-Luftverbesserer
- [ ] Keiner, alle sorgen für frische Luft

Wer verliert regelmäßig die Büroklammern und sorgt so für eine klammernde Unordnung im Büro?

- [ ] Klammern-Verlierer
- [ ] Büroklammer-Chaot
- [ ] Keiner, alle haben ihre Klammern im Griff

Welcher Kollege hat immer die besten Ausreden für verspätetes Erscheinen im Büro?

- [ ] Ausreden-Experte
- [ ] Morgen-Muffel-Meister
- [ ] Keiner,allesindPünktlichkeits-Profis

Wer vergisst regelmäßig, sein Headset aufzuladen und wird so zum ungewollten Stille-Hörer?

- [ ] Keiner, alle haben volle Akkus
- [ ] Stille-Hörer-Champion
- [ ] Headset-Lade-Vergesser

Welcher Kollege hat immer die ausgefallensten Ideen für Office-Pranks?

- [ ] Prank-Planer
- [ ] Büro-Scherzbold
- [ ] Keiner, alle mögen einen ernsthaften Arbeitsplatz

Aufgaben für einen lustigen Arbeitstag

Spiele-Nachmittag

Plane einen Nachmittag mit lustigen Brettspielenoder Kartenspielen im Büro. Teams können sich in verschiedenen Spielen duellieren.

Wie war die Arbeitswoche?

Diese 3 Dinge haben mich genervt:

1 ________________________________

2 ________________________________

3 ________________________________

Wer ist der unbestrittene König der Stehpartys im Büro?

....

Wer hat die seltsamste Sammlung im Büroschrank?

....

Wer zaubert die witzigsten Skizzen auf das Büro-Whiteboard?

....

Wer versorgt das Büro regelmäßig mit Gummibärchen?

....

Wer führt die epischsten Stifte-Duelle im Büro?

....

Wer kreiert die besten Mischungen aus Büro-Gummibärchen?

....

Die coolste Aufgabe des Tages

Dermachtauch immerUrlaub

Platziere eine aufblasbare Palme am Schreibtisch des Kollegen und dekoriere ihn wie einen Strand.

Erfolgreichumgesetzt:

☐ Ja

☐ Nein

Welche Rabauken waren dabei:

Wann wurde die Tat begangen:

So lief das Meisterwerk ab:

Wiederholungsbedarf?

☐ Aufjedenfall! ☐ Ja ☐ Den Quatsch mach ich nicht nochmal!

Bewertung des ganzen:

0 1 2 3 4 5 6 7 8 9 10

Champion der bemühten Gemüter — Held ohne Cape

Die wichtigen Fragen des Lebens

Wer vergisst regelmäßig, seinen Monitcr nach Feierabend auszuschalten ?

- [ ] Beleuchtungs-Vergesser
- [ ] Monitor-Künstler
- [ ] Keiner, alle setzen auf Energiesparen

Welcher Kollege hat immer die extravagantesten Schuhe, die das Büro in einen Laufsteg verwandeln?

- [ ] Schuh-Showmaster
- [ ] Büro-Model
- [ ] Keiner, alle bevorzugen klassische Büroschuhe

Wer vergisst regelmäßig, den Teamkalender nach Geburtstagen zu durchforsten ?

- [ ] Kalender-Entdecker
- [ ] Geburtstags-Veranstalter
- [ ] Keiner, alle haben die Geburtstage im Blick

Welcher Kollege hat immer die verrücktesten Ideen für das Büro-Dekor, die den Raum in Chaos verwandeln?

- [ ] Dekor-Dandy
- [ ] Büro-Kunst-Kurator
- [ ] Keiner, alle mögen minimalistische Bürodekoration

Wer verliert regelmäßig den Überblick über die Bürokühlschrank-Etiketten ?

- [ ] Etiketten-Vergesser
- [ ] Kühlschrank-Detektiv
- [ ] Keiner, alle sind Meister der Etikettenordnung

Welcher Kollege vergisst regelmäßig die Team-Chat-Emojis zu verwenden ?

- [ ] Emoticon-Entdecker
- [ ] Chat-Emoji-Meister
- [ ] Keiner, alle kommunizieren in klaren Worten

Aufgaben für einen lustigen Arbeitstag

Unsichtbare Kunstausstellung

Jeder Mitarbeiter präsentiert eine "unsichtbare Kunstausstellung", indem er ein unsichtbares Kunstwerk beschreibt und erklärt. Die anderen müssen versuchen, sich das Kunstwerk vorzustellen.

Wie war die Arbeitswoche?

Lass uns einfach nicht drüber reden!

Ich brauche ein Bier

Geht so... Mein Lieblingskollege war Krank.

Super! Mein Chef war nicht da!

Perfekt! Ich hatte Frei!

Welches Märchen repräsentiert am besten die Arbeitsmoral deines Kollegen?

- [ ] Aschenputtel und die verschwundenen Dokumente
- [ ] Der Froschkönig und die verzauberte Kaffeetasse
- [ ] Rotkäppchen und die Druckerstau-Waldgeister

Welche berühmte Filmrolle könnte dein Kollege übernehmen?

- [ ] Der Kaffeemeister von Oz
- [ ] Die Stiftesammler-Invasion
- [ ] Der Druckerstau-Kommandant

Welches ungewöhnliche Talent könnte dein Kollege bei einer Talent-Show präsentieren?

- [ ] Kaffeekunst – das Malen mit Milchschaum
- [ ] Druckerstau-Zauberei – die Kunst des schnellen Papierwechsels
- [ ] Stiftensammler-Akrobatik – das Jonglieren mit Schreibutensilien

Wenn dein Kollege ein Urlaubsort wäre, welcher wäre es?

- [ ] Die Kaffeeinsel – ein Ort der puren Erfrischung
- [ ] Die Druckerstau-Berge – für abenteuerliche Büroausblicke
- [ ] Das Stiftensammler-Paradies – wo Schreibutensilien wild wachsen

Wenn dein Kollege ein Gemüse wäre, welches würde er am besten repräsentieren?

- [ ] Die schelmische Zucchini, die immer für Überraschungen sorgt
- [ ] Die verspielte Aubergine, die gerne neue Ideen wachsen lässt
- [ ] Die geheimnisvolle Artischocke, die viele Schichten verbirgt

Die coolste Aufgabe des Tages

Chef,ich habe Schnupfen!

Befestige einen Zettel an der Bürotür mit der Nachricht: "Büro seit Wochen unbewohnt. Bitte renovieren und modernisieren. Danke!

Erfolgreichumgesetzt:

☐ Ja

☐ Nein

Welche Rabauken waren dabei:

Wann wurde die Tat begangen:

So lief das Meisterwerk ab:

Wiederholungsbedarf?

☐ Aufjedenfall! ☐ Ja ☐ Den Quatsch mach ich nicht nochmal!

Bewertung des ganzen:

0 – 1 – 2 – 3 – 4 – 5 – 6 – 7 – 8 – 9 – 10

Champion der bemühten Gemüter | Held ohne Cape

Die wichtigen Fragen des Lebens

Welcher Kollege hat immer die besten Tipps für die effizienteste Kaffeepausenorganisation?

☐ Kaffeepausen-Guru

☐ Koffein-Stratege

☐ Keiner, alle setzen auf spontane Pausen

Wer bringt immer die neuesten Office-Trivia-Fakten mit, die das Büro in eine Wissensarena verwandeln?

☐ Trivia-Titan

☐ Büro-Wissenschafter

☐ Keiner, alle bleiben bei den bekannten Fakten

Welcher Kollege vergisst regelmäßig, seine To-Do-Liste zu aktualisieren ?

☐ To-Do-Tausendfüßler

☐ Listen-Locker

☐ Keiner, alle haben stets eine aktuelle Liste

Wer hat immer die buntesten Post-its und verwandelt den Schreibtisch in ein Notizzettel-Chaos?

☐ Post-it-Künstler

☐ Notizzettel-Ninja

☐ Keiner, alle mögen einfarbige Notizen

Welcher Kollege vergisst regelmäßig, seine Tasse zu markieren und wird so zum heimlichen Becher-Sammler?

☐ Tassen-Nomade

☐ Becher-Besetzer

☐ Keiner, alle haben ihre eigenen Tassen

Wer verliert regelmäßig den Überblick über die Büropflanzen und wird so zum Dschungel-Entdecker?

☐ Pflanzen-Abenteurer

☐ Botanik-Bummler

☐ Keiner, alle haben einen grünen Daumen

Aufgaben für einen lustigen Arbeitstag

Zukunftsprophezeiungen

Die Mitarbeiter schreiben lustige, fiktive Zukunftsprophezeiungen für ihre Kollegen. Zum Beispiel, was sie in 10 Jahren tun könnten oder welche erstaunlichen Talente sie entwickeln könnten.

Wie war die Arbeitswoche?

Lass uns einfach nicht drüber reden! | Ich brauche ein Bier | Geht so... Mein Lieblingskollege war Krank. | Super! Mein Chef war nicht da! | Perfekt! Ich hatte Frei!

Diese 3 Dinge haben mich genervt:

1.

2.

3.

Wie gehst du mit den Büro-Temperaturkriegen um, besonders im Sommer?

Welcher Kollege hat den chaotischsten Schreibtisch, der dich in den Wahnsinn treibt?

Was ist das nervigste Sitzplatzdrama im Büro?

Welcher Kollege lässt sein Telefon ständig klingeln und stört dadurch die Büroharmonie?

Was ist deine größte Kaffeemaschinen-Frustquelle im Büro?

Welche Besprechung könnte genauso gut als E-Mail erledigt werden?

Die coolste Aufgabe des Tages

Neu im Sortiment

Hänge einen Zettel an neue Bürogeräte und fordere dazu auf, die Sprachsteuerung zu nutzen.

Erfolgreichumgesetzt:

☐ Ja ______________________

☐ Nein ______________________

Welche Rabauken waren dabei:

____

____

Wann wurde die Tat begangen:

____

So lief das Meisterwerk ab:

____

____

____

Wiederholungsbedarf?

☐ Aufjedenfall! ☐ Ja ☐ Den Quatsch mach ich nicht nochmal!

Bewertung des ganzen:

0 – 1 – 2 – 3 – 4 – 5 – 6 – 7 – 8 – 9 – 10

Champion der bemühten Gemüter — Held ohne Cape

Die wichtigen Fragen des Lebens

Wer bringt immer die skurrilsten Snacks mit, die die Gemeinschaftsküche in ein Abenteuerland verwandeln?

- ☐ Snack-Entdecker
- ☐ Küchen-Abenteurer
- ☐ Keiner, alle bevorzugen bewährte Leckereien

Welcher Kollege hat immer die neuesten Office-Slangs parat und wird so zum Sprachakrobat des Büros?

- ☐ Slang-Sprecher
- ☐ Büro-Wortkünstler
- ☐ Keiner, alle sprechen klar und deutlich

Wer vergisst regelmäßig, die Besprechungsräume nach Meetings zu überprüfen ?

- ☐ Meeting-Raum-Eroberer
- ☐ Besprechungsraum-Ranger
- ☐ Keiner, alle halten die Räume im Blick

Welcher Kollege hat immer die lautesten Kopfhörer und wird so zum unfreiwilligen Konzertmeister des Büros?

- ☐ Kopfhörer-Klangmeister
- ☐ Büro-Musik-Direktor
- ☐ Keiner, alle haben ihre Lautstärke im Griff

Wer vergisst regelmäßig, den Gemeinschaftsdrucker mit Papier zu versorgen und zum Drucker-Detektiv?

- ☐ Papier-Spürhund
- ☐ Drucker-Dompteur
- ☐ Keiner, alle sind Drucker-Verantwortliche

Welcher Kollege hat immer die ausgefallensten Ausreden für verspätetes Erscheinen im Büro?

- ☐ Ausreden-Alchemist
- ☐ Morgen-Muffel-Meister
- ☐ Keiner,allesindPünktlichkeits-Profis

Büro-Oscar Verleihung

Organisiere eine "Büro-Oscar-Verleihung", bei der die Mitarbeiter humorvolle Auszeichnungen für ihre Kollegen vergeben, wie "Beste Kaffeepause" oder "Kreativster Schreibtisch".

Wie war die Arbeitswoche?

Lass uns einfach nicht drüber reden! | Ich brauche ein Bier | Geht so... Mein Lieblingskollege war Krank. | Super! Mein Chef war nicht da! | Perfekt! Ich hatte Frei!

Wenn dein Kollege ein Filmgenre wäre, welches würde am besten passen?

- [ ] Science-Fiction – für eine futuristische Sichtweise
- [ ] Abenteuer – mit unerwarteten Wendungen und Entdeckungen
- [ ] Film Noir – voller Geheimnisse und mysteriöser Atmosphäre

Welche Figur aus einem Buch könnte deinem Kollegen ähneln?

- [ ] Der Schalkhafte aus einem Märchen, immer für Scherze zu haben
- [ ] Der Abenteurer aus einem Fantasy-Roman, auf der Suche nach Neuem
- [ ] Der Detektiv aus einem Krimi, immer auf der Spur von Rätseln

Diese 3 Dinge haben mich an deinem Kollegen am meisten genervt:

- [ ] Seine Superkraft, immer dann aufzutauchen, wenn ich in Eile bin.
- [ ] Sein Talent, Meetings in epische Geschichtsstunden zu verwandeln.
- [ ] Die Fähigkeit, meinen Namen in der nervigsten Tonlage auszusprechen.

Welcher Spitzname würde am besten zu deinem nervigen Kollegen passen?

- [ ] Meister des Zeitdiebstahls
- [ ] Herr oder Frau Lautsprecher
- [ ] Der unerklärliche Aktenberg-Wanderer

Wenn dein nerviger Kollege ein Soundeffekt wäre, welcher wäre er am ehesten?

- [ ] Dauersirene Kaugummi
- [ ] kauende Giraffe
- [ ] Überdramatisches Seufzen

Die coolste Aufgabe des Tages

Ist den schon Weihnachten?

Überrasche deinen Kollegen, indem du, von Computer bis zur Tastatur, alles in Geschenkpapier einwickelst.

Erfolgreichumgesetzt:

☐ Ja

☐ Nein

Welche Rabauken waren dabei:

Wann wurde die Tat begangen:

So lief das Meisterwerk ab:

Wiederholungsbedarf?

☐ Aufjedenfall! ☐ Ja ☐ Den Quatsch mach ich nicht nochmal!

Bewertung des ganzen:

0 1 2 3 4 5 6 7 8 9 10

Champion der bemühten Gemüter — Held ohne Cape

Die wichtigen Fragen des Lebens

Wer vergisst regelmäßig, seine Handschuhe im Winter mitzubringen ?

- [ ] Handschuh-Vergesser
- [ ] Winter-Kälte-Held
- [ ] Keiner, alle sind gut vorbereitet

Welcher Kollege hat immer die ausgefallensten Ideen für das Büro-Kühlschrank-Kunstprojekt?

- [ ] Kühlschrank-Künstler
- [ ] Kunstprojekt-Regisseur
- [ ] Keiner, alle bevorzugen einen sauberen Kühlschrank

Wer verliert regelmäßig die Team-Schlüssel und wird so zum Tür-Öffnungs-Detektiv?

- [ ] Schlüssel-Sucher
- [ ] Tür-Detektiv
- [ ] Keiner,alle sind Schlüssel-Meister

Welcher Kollege vergisst regelmäßig, den Bürostuhl auf die richtige Höhe einzustellen ?

- [ ] Stuhl-Höhen-Vergesser
- [ ] Sitz-Komfort-Abenteurer
- [ ] Keiner, alle haben die perfekte Sitzhöhe gefunden

Wer hat immer die originellsten Ideen für den Büro-Spickzettel und wird so zum Notizen-Kreativling?

- [ ] Spickzettel-Artist
- [ ] Notizen-Novize
- [ ] Keiner, alle verlassen sich auf ihr Gedächtnis

Welcher Kollege vergisst regelmäßig, seine Schreibtischlampe auszuschalten ?

- [ ] Lampe-Leucht-Vergesser
- [ ] Licht-Designer
- [ ] Keiner, alle setzen auf energiesparende Beleuchtung

Emoji Challenge

Die Mitarbeiter wählen einen Song aus und drücken ihre Interpretation des Songtexts durch die Verwendung von Emojis aus. Andere müssen erraten, um welchen Song es sich handelt.

Wie war die Arbeitswoche?

Lass uns einfach nicht drüber reden! | Ich brauche ein Bier | Geht so... Mein Lieblingskollege war Krank. | Super! Mein Chef war nicht da! | Perfekt! Ich hatte Frei!

Diese 3 Dinge haben mich genervt:

1. ______________________________

2. ______________________________

3. ______________________________

Wer ist der nervigste Kollege und warum?

....

Was hat dich zuletzt im Büro am meisten genervt?

....

Welche Gewohnheit eines Kollegen findest du am störendsten?

....

Nenne drei Dinge im Büro, die dich regelmäßig nerven.

....

Was hat dich heute im Büro besonders genervt?

....

Wer ist der herausforderndste Kollege, mit dem du arbeiten musst, und warum?

....

Die coolste Aufgabe des Tages

Jetzt geht's aber zuweit!

Tausche den Kaffee gegen koffeinfreien Kaffee aus. Steigere den Spaß mit extra starkem Espressopulver.

Erfolgreichumgesetzt:

☐ Ja ______________________________

☐ Nein ______________________________

Welche Rabauken waren dabei:

____

____

Wann wurde die Tat begangen:

____

So lief das Meisterwerk ab:

____

____

____

Wiederholungsbedarf?

☐ Aufjedenfall! ☐ Ja ☐ Den Quatsch mach ich nicht nochmal!

Bewertung des ganzen:

0 1 2 3 4 5 6 7 8 9 10

Champion der bemühten Gemüter — Held ohne Cape

Die wichtigen Fragen des Lebens

Wer hat immer die buntesten Stifte, die den Schreibtisch in eine Farbpalette verwandeln?

- [ ] Stift-Farbexperte
- [ ] Schreibtisch-Maler
- [ ] Keiner, alle bevorzugen schlichte Schreibutensilien

Welcher Kollege vergisst regelmäßig, die Büropflanzen zu gießen und wird so zum Flora-Verweigerer?

- [ ] Gießkanne-Vergesser
- [ ] Pflanzen-Durst-Löschmeister
- [ ] Keiner, alle haben grüne Daumen

Wer bringt immer die ungewöhnlichsten Schreibtischdekorationen mit, die das Büro in ein Museum verwandeln?

- [ ] Schreibtisch-Deko-Kurator
- [ ] Büro-Museum-Gestalter
- [ ] Keiner, alle mögen minimalistische Arbeitsplätze

Welcher Kollege hat immer die spannendsten Geschichten über vergessene Dokumente auf dem Drucker?

- [ ] Drucker-Dokumenten-Erzähler
- [ ] Vergessene-Papiere-Spezialist
- [ ] Keiner, alle behalten ihre Ausdrucke im Blick

Wer vergisst regelmäßig, seinen Computerbildschirm zu reinigen und wird so zum Staubpartikel-Entdecker?

- [ ] Bildschirm-Putzer-Vergesser
- [ ] Staub-Detektiv Keiner, alle haben
- [ ] klare Bildschirme

Welcher Kollege hat immer die besten Vorschläge für den Büro-Playlist-Themenabend?

- [ ] Playlist-Themen-Meister
- [ ] Musikvorschlag-Guru
- [ ] Keiner, alle mögen zufällige Playlists

Aufgaben für einen lustigen Arbeitstag

Schnurrbart-Tag

Einen Tag im Monat zum "Schnurrbart-Tag" erklären, an dem die Mitarbeiter mit selbstgebastelten oder temporären Schnurrbärten erscheinen.

Wie war die Arbeitswoche?

Welche Superkraft hätte dein nerviger Kollege gerne?

- [ ] Die Fähigkeit, Pausen in Echtzeit zu verlängern
- [ ] unsichtbar zu werden, wenn unangenehme Aufgaben anstehen
- [ ] Gedankenübertragung, um dir immer dann im Weg zu stehen, wenn du es am wenigsten gebrauchen kannst

Welcher Urlaubsort wäre perfekt für deinen nervigen Kollegen?

- [ ] Die Insel der endlosen Meetings
- [ ] Das Tal der Drögen Diskussionen
- [ ] Der Berg des belanglosen Smalltalks

Welches Tier könnte deinen nervigen Kollegen am besten repräsentieren?

- [ ] Das unersättliche Plappermaul
- [ ] Die schlaflose Schnarchschildkröte
- [ ] Der unsichtbare Kaffeetrinker

Wenn dein nerviger Kollege ein Filmcharakter wäre, wer wäre er am ehesten?

- [ ] Der ständige Nebendarsteller, der immer im Weg steht
- [ ] Der unerträgliche Klatschreporter in einer Romantikkomödie
- [ ] Der Sidekick, der nie aufhört zu reden

Welches Verkehrsmittel könnte deinen nervigen Kollegen am besten beschreiben?

- [ ] Die Bummelbahn, die immer dann stoppt, wenn es
- [ ] eilig ist Der Luftballon mit der Aufschrift "Störend"
- [ ] Das unsichtbare Einhorn, das immer im Weg steht

Die coolste Aufgabe des Tages

Achtung, Baustelle!

Setze Warnschilder und Absperrbänder um den Schreibtisch des Kollegen und schreibe "Bauarbeiten".

Erfolgreichumgesetzt:

☐ Ja

☐ Nein

Welche Rabauken waren dabei:

Wann wurde die Tat begangen:

So lief das Meisterwerk ab:

Wiederholungsbedarf?

☐ Aufjedenfall! ☐ Ja ☐ Den Quatsch mach ich nicht nochmal!

Bewertung des ganzen:

0 1 2 3 4 5 6 7 8 9 10

Champion der bemühten Gemüter — Held ohne Cape

Die wichtigen Fragen des Lebens

Wer vergisst regelmäßig, seine Pausensnacks im Gemeinschaftskühlschrank zu markieren ?

- [ ] Snack-Sucher
- [ ] Kühlschrank-Erforscher
- [ ] Keiner, alle respektieren die Essensmarkierung

Welcher Kollege hat immer die besten Vorschläge für die Office-Oscar-Verleihung?

- [ ] Oscar-Orga-Guru
- [ ] Büro-Filmkritiker
- [ ] Keiner, alle sind Oscar-würdig

Wer vergisst regelmäßig, den gemeinsamen Kalender zu überprüfen und wird so zum Termin-Überraschungs?

- [ ] Kalender-Checker-Vergesser
- [ ] Termin-Überrascher
- [ ] Keiner,allesindTerminkalender-Profis

Welcher Kollege hat immer die besten Ratschläge für den perfekten Bürostuhl-Yoga-Quickie?

- [ ] Yoga-Stuhl-Guru
- [ ] Büro-Yogi
- [ ] Keiner, alle setzen auf klassische Sitzhaltungen

Wer verliert regelmäßig die Büroklammer-Schlachten und wird so zum Klammern-Kämpfer?

- [ ] Klammern-Krieger
- [ ] Büroklammer-Schleuderer
- [ ] Keiner, alle haben ihre Klammern im Griff

Welcher Kollege vergisst regelmäßig, die Büroküche nach dem Kaffeekochen aufzuräumen?

- [ ] Kaffee-Küchen-Künstler
- [ ] Aufräum-Vergesser
- [ ] Keiner, alle setzen auf Ordnung

Aufgaben für einen lustigen Arbeitstag

Talente-Show

Jeder Mitarbeiter präsentiert ein versterktes Talent oder eine Fähigkeit, von der die anderen vielleicht nichts wissen.

Wie war die Arbeitswoche?

Lass uns einfach nicht drüber reden! | Ich brauche ein Bier | Geht so... Mein Lieblingskollege war Krank. | Super! Mein Chef war nicht da! | Perfekt! Ich hatte Frei!

Diese 3 Dinge haben mich genervt:

1. ______________________________
2. ______________________________
3. ______________________________

Welcher Kollege ruft am häufigsten eine 'Notfall-Kaffeepause' aus?

....

Gibt es einen Kollegen, der heimlich Büro-Luftgitarren-Champion ist?

....

Wer hat das erstaunlichste Gedächtnis für vergessene Dinge im Büroschrank?

....

Wer veranstaltet das eindrucksvollste Teekessel-Solo während der Pausen?

....

Wer verursacht die meisten 'plantschenden' Geräusche beim Kaffee-Gießen?

....

Wer verbreitet die neuesten Klatschgeschichten im Büro am effektivsten?

....

Die coolste Aufgabe des Tages

Das Büro-Museum

Gestalte den Schreibtisch des Kollegen als "Büro-Museum" mit bedeutsamen Gegenständen aus dem Büroalltag.

Erfolgreichumgesetzt:

☐ Ja

☐ Nein

Welche Rabauken waren dabei:

____

____

Wann wurde die Tat begangen:

____

So lief das Meisterwerk ab:

____

____

____

Wiederholungsbedarf?

☐ Aufjedenfall! ☐ Ja ☐ Den Quatsch mach ich nicht nochmal!

Bewertung des ganzen:

0 1 2 3 4 5 6 7 8 9 10

Champion der bemühten Gemüter — Held ohne Cape

Die wichtigen Fragen des Lebens

Wer verliert regelmäßig den Überblick über die Büro-Tassen und wird so zum Tassen-Taucher?

☐ Tassen-Tiefseetaucher

☐ Becher-Verloren-Finder

☐ Keiner, alle haben ihre Tassen im Blick

Welcher Kollege vergisst regelmäßig, seine Pflanzen zu beschneiden ?

☐ Pflanzen-Wildwuchs-Beobachter

☐ Gartenschere-Vergesser

☐ Keiner, alle haben ihre Pflanzen im Griff

Wer hat immer die schrägsten Vorschläge für das Büro-Mottowochenende?

☐ Mottowochenend-Stratege

☐ Ideen-Exzentriker

☐ Keiner, alle mögen entspannte Wochenenden

Welcher Kollege vergisst regelmäßig, die Kaffeemaschine nach dem letzten Tropfen auszuschalten ?

☐ Kaffeemaschinen-Charmeur

☐ Tropfen-Verweigerer

☐ Keiner, alle haben ein Auge auf den Kaffeestand

Wer bringt immer die neuesten Büro-Gadgets mit, die das Arbeitsleben in eine futuristische Welt befördern?

☐ Gadget-Guru

☐ Büro-Futurist

☐ Keiner, alle setzen auf altbewährte Bürogeräte

Welcher Kollege hat immer die verrücktesten Ideen für die Büro-Weihnachtsfeier?

☐ Weihnachtsfeier-Planer

☐ Festtags-Fantasier

☐ Keiner, alle bevorzugen traditionelle Feiern

Aufgaben für einen lustigen Arbeitstag

Büro-Cluedo

Organisiere ein Büro-Cluedo, bei dem die Mitarbeiter verschiedene "Tatorte" im Büro untersuchen und erraten müssen, welcher "Mitarbeiter" das "Verbrechen" begangen hat.

Wie war die Arbeitswoche?

Lass uns einfach nicht drüber reden!

Ich brauche ein Bier

Geht so... Mein Lieblingskollege war Krank.

Super! Mein Chef war nicht da!

Perfekt! Ich hatte Frei!

Wenn dein nerviger Kollege eine erfundene Krankheit hätte, welche wäre es?

- [ ] Chronische Wortüberflutungssyndrom
- [ ] Lästiges Monolog-Syndrom Nicht-aufhören-
- [ ] können-zu-tippen-Krankheit

Wenn dein nerviger Kollege ein Wetterphänomen wäre, welches wäre er?

- [ ] Ein ständiger Nieselregen der Unannehmlichkeiten
- [ ] Ein tornadoartiger Aufzugsschauer, der alles durcheinander wirbelt
- [ ] Ein konstanter Nebel der Verwirrung

Welches absurde Geräusch könnte deinen nervigen Kollegen am besten repräsentieren?

- [ ] Das konstante Rattern einer defekten Schreibmaschine
- [ ] Ein endloses Summen von nicht identifizierbaren Bürogeräuschen
- [ ] Das surrende Geräusch von unsichtbaren, fliegenden Störfaktoren

Wenn dein nerviger Kollege ein Verkehrsschild wäre, welches würde am besten zu ihm passen?

- [ ] Dauerhaftes Halteverbot für sinnvolle Gespräche
- [ ] Vorsicht vor übermäßigem Geplapper
- [ ] Tempo 0 - Langsam sprechende Zone

Welche erfundene Technologie könnte deinen nervigen Kollegen am besten beschreiben?

- [ ] Die endlose Redezeit-Verdopplungsmaschine
- [ ] Das automatische Unnötige-Mails-Erzeugungsprogramm
- [ ] Der Echtzeit-Störfaktoren-Generator

Die coolste Aufgabe des Tages

Buchstabensalat

Tausche die M & N Tasten auf der Tastatur des Kollegen aus.

Erfolgreichumgesetzt:

☐ Ja

☐ Nein

Welche Rabauken waren dabei:

Wann wurde die Tat begangen:

So lief das Meisterwerk ab:

Wiederholungsbedarf?

☐ Aufjedenfall! ☐ Ja ☐ Den Quatsch mach ich nicht nochmal!

Bewertung des ganzen:

0 1 2 3 4 5 6 7 8 9 10

Champion der bemühten Gemüter — Held ohne Cape

Die wichtigen Fragen des Lebens

Wer bringt immer die neuesten Büro-Modetrends mit, die das Team in eine stylische Einheit verwandeln?

- [ ] Modetrend-Setter
- [ ] Büro-Stylist
- [ ] Keiner, alle haben ihren eigenen Stil

Welcher Kollege hat immer die ausgefallensten Vorschläge für den nächsten Büroausflug?

- [ ] Ausflugsplanungs-Guru
- [ ] Ideen-Kaskaden
- [ ] Keiner, alle setzen auf bewährte Ausflugsziele

Wer vergisst regelmäßig, die Büroblumen zu gießen und wird so zum Blumen-Welken-Meister?

- [ ] Blumen-Welken-Experte
- [ ] Gießkanne-Vergesser
- [ ] Keiner, alle haben einen grünen Daumen

Welcher Kollege hat immer die neuesten Witze für die morgendliche Kaffeepause parat?

- [ ] Kaffeepausen-Witzbold
- [ ] Lachexperte
- [ ] Keiner, alle mögen einen ruhigen Kaffeestart

Wer vergisst regelmäßig, den Spülmaschinen-Spülgang zu starten und wird so zum Geschirr-Spül-Hero?

- [ ] Spülmaschinen-Hero
- [ ] Abwäsche-Vergesser
- [ ] Keiner, alle sind Meister der Spülkunst

Welcher Kollege hat immer die besten Tipps für den ultimativen Schreibtisch-Workout?

- [ ] Schreibtisch-Fitness-Guru
- [ ] Workout-Wunder
- [ ] Keiner, alle bevorzugen eine richtige Fitnesspause

Aufgaben für einen lustigen Arbeitstag

Dresscode-Tag

Führe einen thematischen Dresscode-Tag ein, beispielsweise "Superhelden-Montag" oder "Hawaiianischer Freitag", um die Bürokleidung aufzulockern.

Schlusswort

Ich hoffe, ich konnte dir mit diesem Buch
eine Freude bereiten dein

Printed in Poland
by Amazon Fulfillment
Poland Sp. z o.o., Wrocław

62451613R00061